AF175496

Impressum
Verlag: BABADADA GmbH, Nedderfeld 112 , 22529 Hamburg
Geschäftsführer / Verlagsleitung: Harald Hof
Druck: Books on Demand GmbH, In de Tarpen 42, 22848 Norderstedt

Imprint
Publisher: BABADADA GmbH, Nedderfeld 112 , 22529 Hamburg, Germany
Managing Director / Publishing direction: Harald Hof
Print: Books on Demand GmbH, In de Tarpen 42, 22848 Norderstedt

makaranta
escola

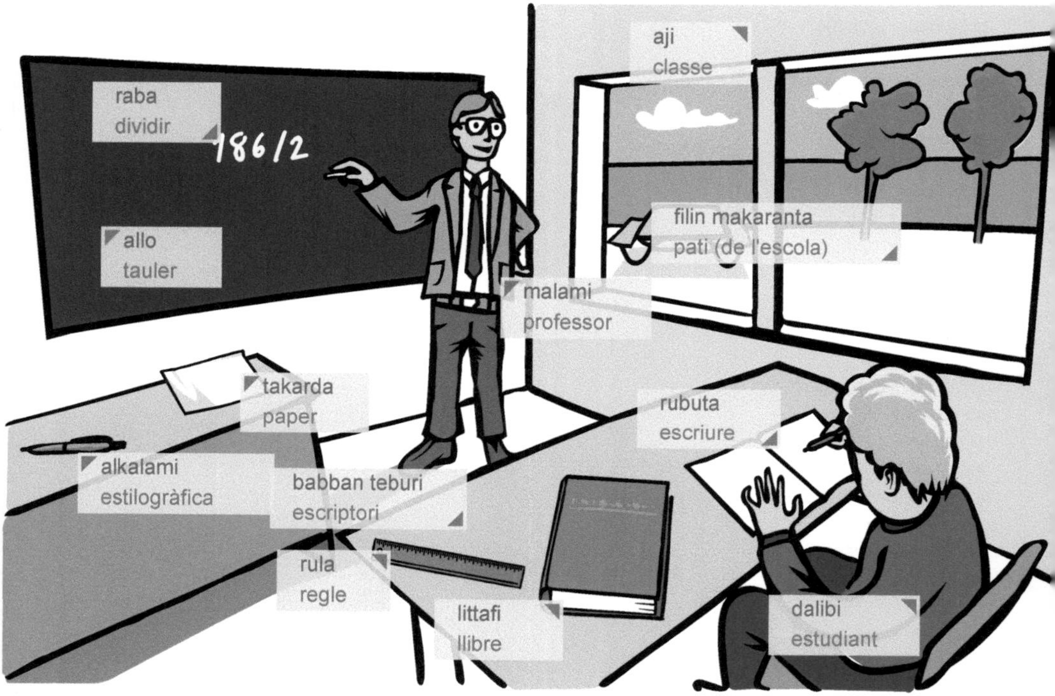

aji
classe
raba
dividir
186/2
allo
tauler
filin makaranta
pati (de l'escola)
malami
professor
takarda
paper
rubuta
escriure
alkalami
estilogràfica
babban teburi
escriptori
rula
regle
littafi
llibre
dalibi
estudiant

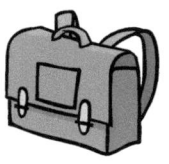

jakar makaranta

bossa

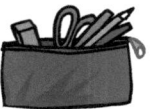

gidan fensir

estoig

fensir

llapis

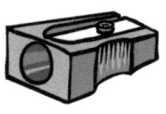

abin fike fensir

maquineta de fer punta

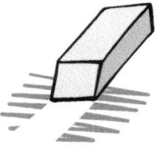

kilina

goma

kwalin zane

bloc de dibuix

zane

dibuix

burushin fenti

pinzell

gwangwanin fenti

capsa de pintures

almakashi

tisores

gam

cola

littafi aiki

quadern d'exercicis

aikin gida

deures

lamba

nombre

kara

afegir

debe

sostreure

yi sau

multiplicar

kwakuleta

calcular

wasika

lletra

harafi

alfabet

kalma

mot

rubutu

text

karanta

llegir

alli

guix

darasi

lliçó

rijista

llibre de classe

jarabawa

examen

satifiket

certificat

kayan makaranta

uniforme escolar

ilimi

formació

kundin ilimi

enciclopèdia

jami'a

universitat

madubin kimiyya

microscopi

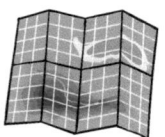

taswira

mapa

kwandon shara

paperera

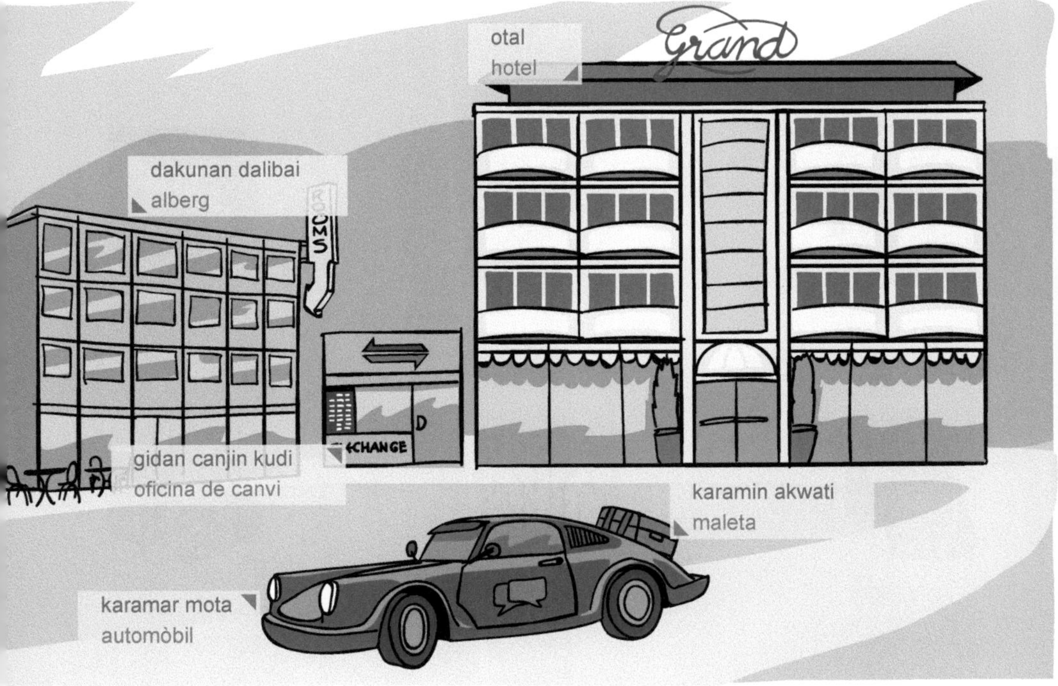

otal
hotel
Grand
dakunan dalibai
alberg
ROOMS
EXCHANGE
gidan canjin kudi
oficina de canvi
karamin akwati
maleta
karamar mota
automòbil

yare
llengua

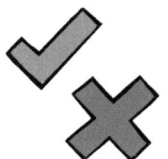

e/a'a
sí / no

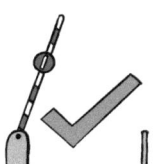

Ya yi
D'acord

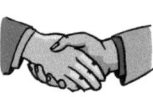

barka dai
Ey!

mai fassara
traductora

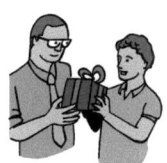

Na gode
gràcies

nawa ne…?

Quant costa… ?

ban gane ba

No entenc

matsala

problema

Barka da yamma!

Bona nit!

Ina kwana!

bon dia!

barka da dare!

bona nit!

sai an jima

fins aviat

alkibla

direcció

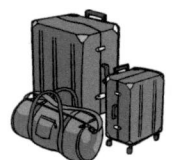

kaya

bagatge

jaka

bossa

jakar goyawa

sarrona

bako

convidat

daki

cambra

jakar barci

sac de dormir

tanti

tenda

bayanin dan yawon bude-ido

oficina de turisme

bakin ruwa

platja

katin banki

carta de crèdit

karin kumallo

esmorzar

abincin rana

dinar

abincin dare

sopar

tikiti

bitllet

daga

ascensor

hatimi

segell

iyaka

frontera

kudin fiton kaya

duana

ofishin jakadanci

ambaixada

biza

visat

fasfo

passaport

abin hawa

transport

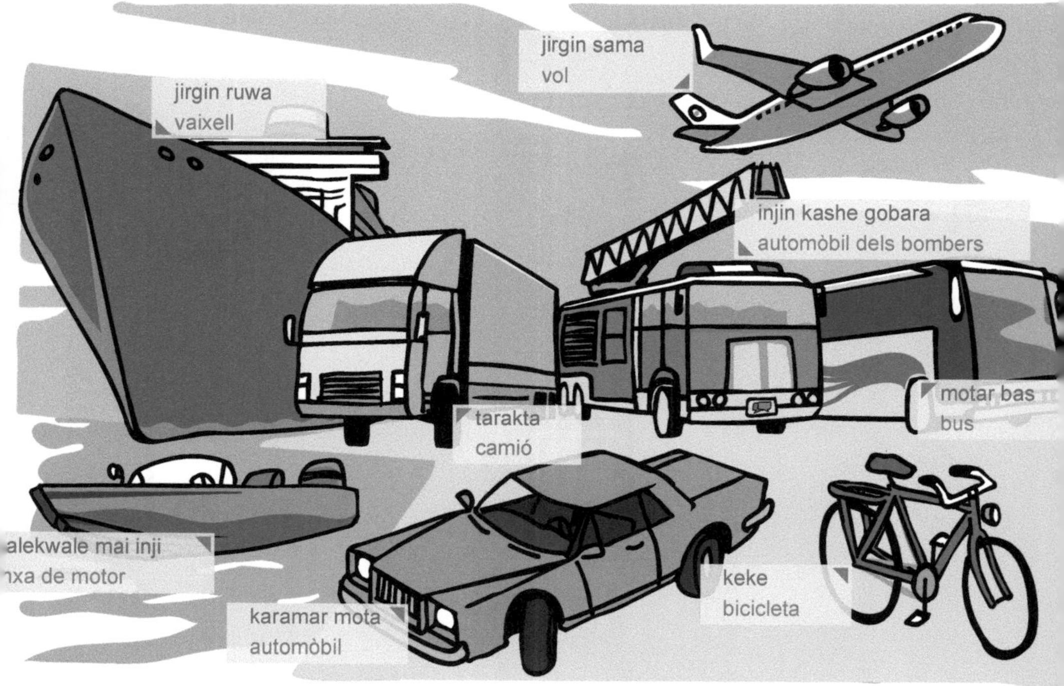

jirgin sama
vol
jirgin ruwa
vaixell
injin kashe gobara
automòbil dels bombers
motar bas
bus
tarakta
camió
alekwale mai inji
xa de motor
karamar mota
automòbil
keke
bicicleta

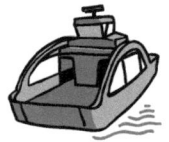

karamin jirgin ruwa

transbordador

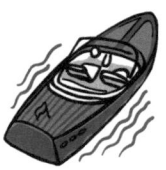

kwalekwale

barca

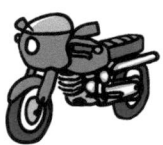

babur

moto

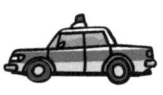

motar 'yansanda

automòbil de policia

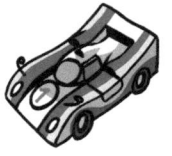

motar tsere

automòbil de curses

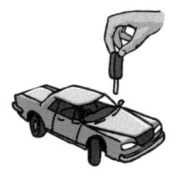

motar haya

automòbil de lloguer

tarayyar karamar mota

vehicle compartit

babbar mota da ta lalace

grua

motar shara

camió de les escombraries

mota

motor

mai

benzina

gidan mai

benzineria

alamar titi

senyal de trànsit

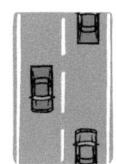

zirga-zirga

trànsit

cunkoson ababen hawa

embús

wurin ajiye mota

aparcament

tashar jirgin kasa

estació de trens

filin tsere

vies

jirgin kasa

tren

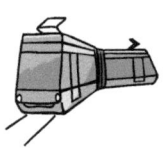

jirgin kasa mai kyabil

tramvia

keken doki

vagó

helikwafta

helicòpter

filin jirgin sama

aeroport

hasumiya

torre

fasinja

passatger

mazubi

contenidor

kwali

capsa de cartó

amalanke

carretó

kwando

cistella

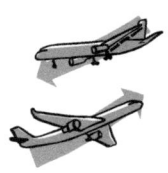

tashi / sauka

enlairar-se / aterrar

birni
ciutat

kauye

poble

tsakiyar birni

centre de la ciutat

gida

casa

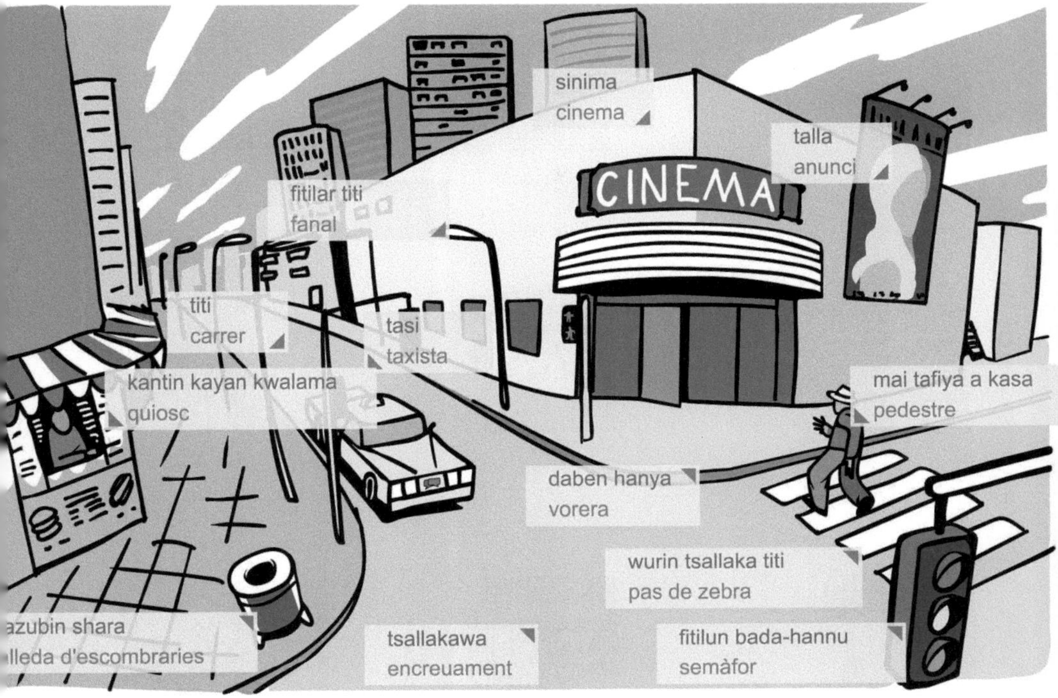

sinima
cinema

talla
anunci

fitilar titi
fanal

titi
carrer

tasi
taxista

kantin kayan kwalama
quiosc

mai tafiya a kasa
pedestre

daben hanya
vorera

wurin tsallaka titi
pas de zebra

azubin shara
lleda d'escombraries

tsallakawa
encreuament

fitilun bada-hannu
semàfor

bukka

cabana

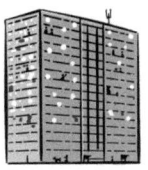

shafaffe

apartament

tashar jirgin kasa

estació de trens

dakin taro

casa de la vila-ciutat

gidan kayan tarihi

museu

makaranta

escola

birni - ciutat

jami'a

universitat

banki

banca

asibiti

hospital

otal

hotel

kantin magani

farmàcia

ofis

oficina

kantin littattafai

llibreria

kanti

botiga

mai sayar da furanni

floristeria

babban kanti

supermercat

kasuwa

mercat

kanti mai sassa

gran magatzem

shagon sayar da kifi

peixateria

wurin sayayya

centre comercial

matsayar jiragen ruwa

port

ma'ajiyar motoci

parc

benci

banc

gada

pont

kafar bene

escala

karkashin kasa

metro

ramin karkashin kasa

túnel

matsayar bas

parada d'autobús

mashaya

bar

gidan abinci

restaurant

akwatin sakonni

bústia de correu

alamar titi

senyal indicador

mitar ajiye motoci

parquímetre

gidan namun daji

zoo

kwamin iyo

piscina

masallaci

mesquita

gona
granja

gurbata
pol·lució

makabarta
cementiri

coci
església

filin wasanni
parc infantil

dakin bauta
temple

fadin kasa

paisatge

ganye
fulla

turken alama
cartell indicador

hanya
camí

makiyaya
prat

dutse
pedra

mai tattaki
excursionista

bishiya
arbre

korama
riu

ciyawa
gespa

fure
flor

kwazazzabo

vall

tudu

muntanya

tafki

llac

daji

bosc

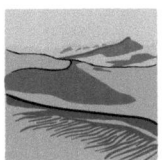

hamada

desert

amon dutse

volcà

fada

castell

bakan-gizo

arc de Sant Martí

malafar jaki

bolet

bishiyar kwakwar manja

palmera

sauro

moscard

kuda

mosca

tururuwa

formiga

zuma

abella

gizo

aranya

burgunguma

escarabat

kwado

granota

kurege

esquirol

bushiya

eriçó

zomo

llebre

mujiya

òliba

tsuntsu

ocell

agwagwar ruwa

cigne

aladen daji

senglar

namijin barewa

cervo

kanki

ant

dam

presa

lantarki mai iska

turbina

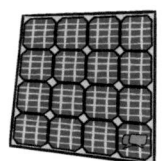

farantin hasken rana

panell solar

yanayi

clima

gidan abinci

restaurant

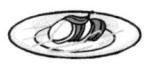

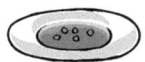

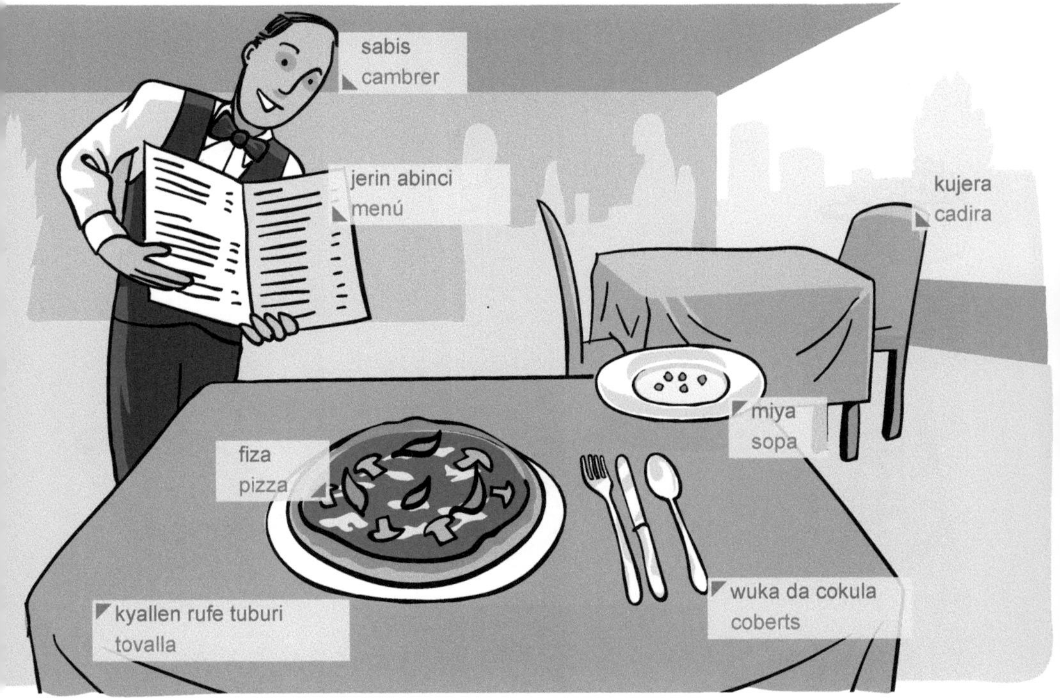
sabis
cambrer
jerin abinci
menú
kujera
cadira
miya
sopa
fiza
pizza
wuka da cokula
coberts
kyallen rufe tuburi
tovalla

makunni

primer plat

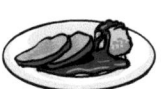

babban abinci

plat principal

kayan zaki

darreries

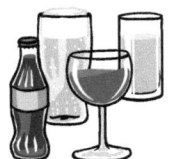

kayan sha

begudes

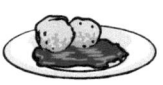

abinci

menjar

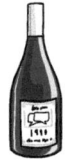

kwalba

ampolla

abincin tafi-da-gidanka

menjar ràpid

abincin titi

menjar de carrer

tukunyar shayi

tetera

kwanon sikari

sucrer

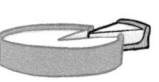

gutsire

porció

injin hada kofi

màquina d'espresso

kujera mai tudu

trona

doka

factura

tire

plata

wuka

ganivet

cokali mai yatsu

forqueta

cokali

cullera

cokalin shayi

cullereta

kyallen cin abinci

tovalló

gilashi

got

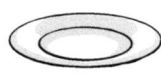

faranti
plat

farantin miya
plat de sopa

farantin kofi
plateret

hadin dandano
salsa

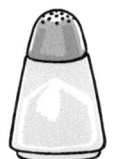

mazubin gishiri
saler

abin nikan yaji
molinet de pebre

lamurje
vinagre

mai
oli

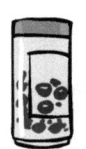

kayan dandano
espècies

miyar tumatir
quètxup

mustad
mostassa

mayonnaise
maionesa

babban kanti

supermercat

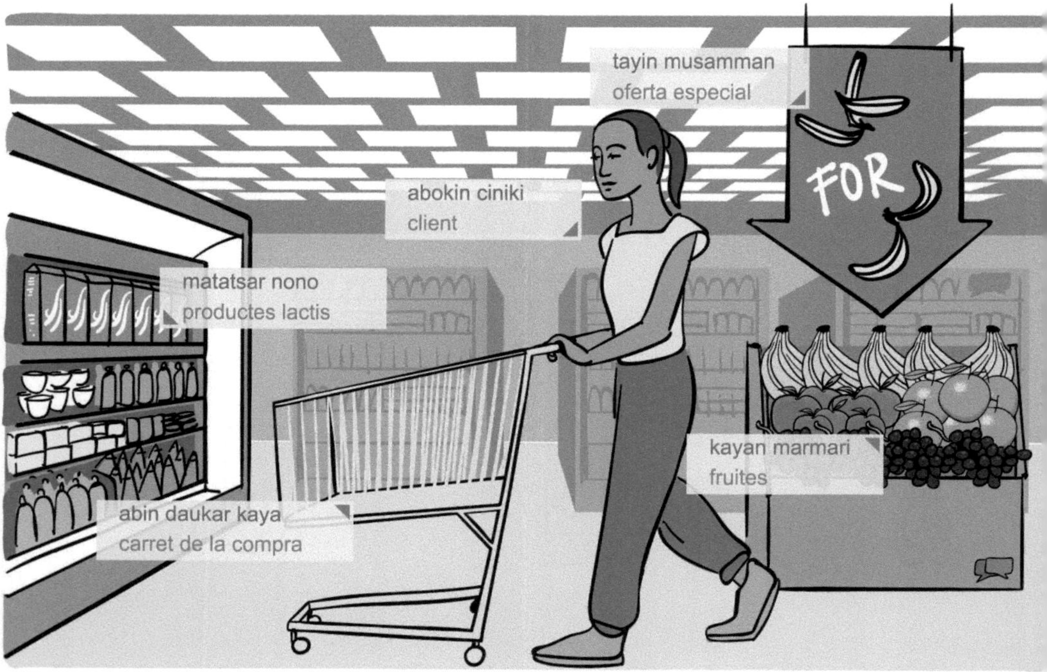
tayin musamman
oferta especial
FOR
abokin ciniki
client
matatsar nono
productes lactis
kayan marmari
fruites
abin daukar kaya
carret de la compra

BUTCHERS

na mahauci

carnisseria

BAKERY

shagon mai burodi

forn de pa

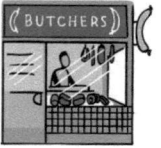

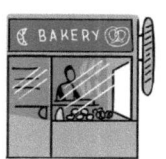

auna nauyi

pesar

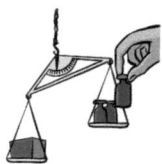

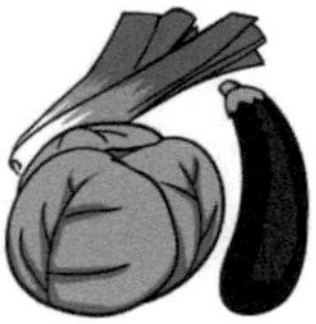

kayan lambu

verdures

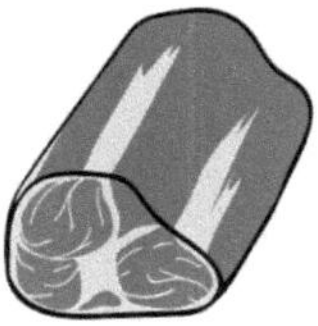

nama

carn

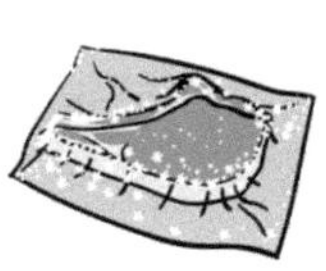

darkararren abinci

menjar congelat

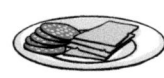

nama mai sanyi

carn freda

abincin gwangwani

conserves

garin sabulun wanki

detergent en pols

alewa

dolços

kayan amfanin gida

articles domèstics

kayan tsafta

productes de neteja

mai sayarwa

venedora

haro

caixa registradora

mai biyan kudi

caixera

jerin kayan sayayya

llista de la compra

sa'o'in budewa

horari d'obertura

alabe

portamonedes

katin banki

carta de crèdit

jaka

bossa

jakar roba

bossa de plàstic

ruwa

aigua

ruwan 'ya'yan itace

suc

madara

llet

coke

coca-cola

barasa

vi

giya

cervesa

barasa

alcohol

koko

cacau

shayi

te

kofi

cafè

bakin kofi

espresso

kofi mai madara

cappuccino

ayaba

banana

tufa

poma

lemon zaki

taronja

kankana

síndria

lemon tsami

llimona

karas

pastanaga

tafarnuwa

all

gora

bambú

albasa

ceba

kunnen-jaki

bolet

dangin gyada

avellanes

dangin taliya

fideus

sufageti

espaguetis

shinkafa

arròs

man salak

amanida

sala-sala

patates fregides

soyayyen dankali

patates fregides

fiza

pizza

hambaga

hamburguesa

sanwich

entrepà

kwan nama

escalopa

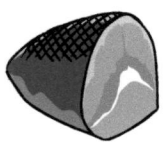

naman alade

cuixot

salami

salami

kilishin turawa

salsitxa

kaza

pollastre

gashi

rostit

kifi

peix

kamun oats

flocs de civada

muesli

musli

kwamfiles

cereals

fulawa

farina

fanke

croissant

yankan burodi

panet

burodi

pa

gashi

torrada

biskit

bescuits

bota

mantega

man shanu

mató

kek

pastís

kwai

ou

soyayyen kwai

ou fregit

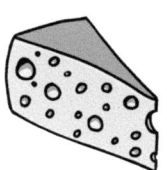

cuku

formatge

askirim

gelat

sikari

sucre

zuma

mel

jam

melmelada

cakuletin shafawa

crema de xocolata

kori

curri

gidan gona
granja

damin karmami
bala de palla

rumbu
graner

fili
camp

doki
cavall

tirela
remolc

dan doki
poltre

tarakta
tractor

jaki
ase

dan tunkiya
xai

tumaki
ovella

akuya
cabra

saniya
vaca

maraki
vedella

alade
porc

dan alade
garrí

bajimi
bou

dinya
oca

agwagwa
ànec

dan tsako
poll

kaza
gall

zakara
gallina

bera
rata

kyanwa
gat

bera
ratolí

takarkari
bou

kare
gos

dakin kare
gossera

bututun lambu
mànega de regar

bokitin ban-ruwa
regadora

ashasha
dalla

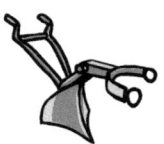

garma
arada

lauje

falç

fartanya

aixada

cebur mai yatsu

forca

gatari

destral

wilbaro

carretó

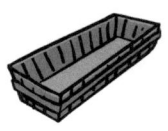

mazubin abincin dabbobi

abeurador

gwangwanin madara

lletera

buhu

sac

shinge

tanca

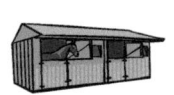

barga

establa

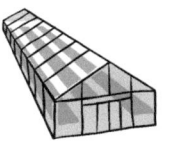

koren-gida

hivernacle

rairai

sòl

iri

llavor

taki

adob

injin girbi da sussuka

collidora

girbe

collir

girbi

collita

doya

nyam

alkama

blat

waken soya

soja

dankali

patata

dawa

blat de moro o d'indi

furen mai

colza

bishiyar kayan marmari

arbre fruiter

rogo

mandioca

hatsi

cereals

gida
casa

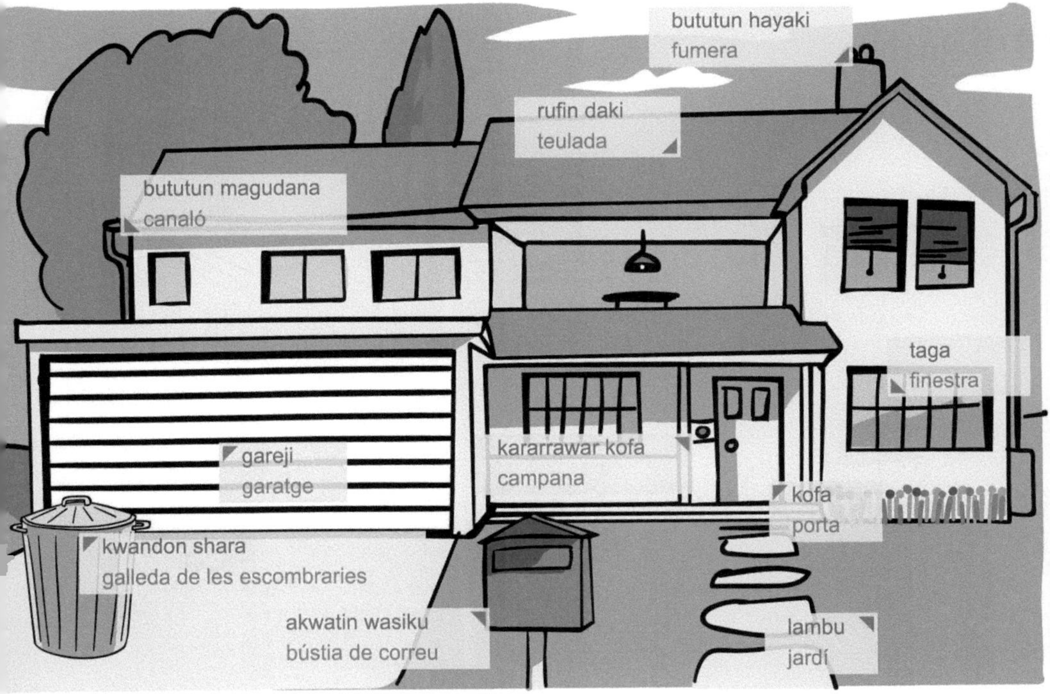

bututun hayaki
fumera
rufin daki
teulada
bututun magudana
canaló
taga
finestra
gareji
garatge
kararrawar kofa
campana
kofa
porta
kwandon shara
galleda de les escombraries
akwatin wasiku
bústia de correu
lambu
jardí

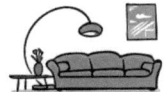

falo

sala d'estar

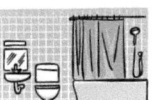

dakin wanka

bany

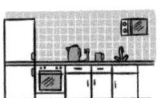

kicin

cuina

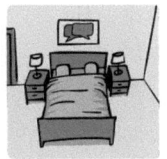

dakin kwana

cambra de dormir

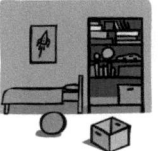

dakin yaro

cambra de nen

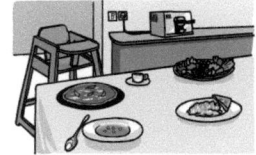

dakin cin abinci

menjador

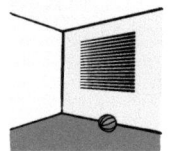

dabe
sòl

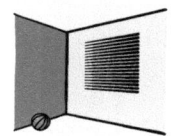

bango
paret

sili
sostre

dakin karkashin kasa
soterrani

wurin wankan dumi
sauna

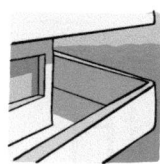

barandar bene
balcó

baranda
terrassa

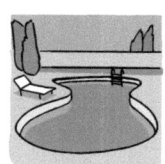

gulbin ninkaya
piscina

injin yanke ciyawa
tallagespa

kwano
vànova

zanen gado
cobrellit

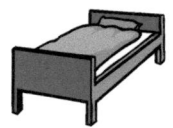

gado
llit

tsintsiya
escombra

bokiti
galleda

makunni
interruptor

falo
sala d'estar

takardar bango
paper de paret
hoto
quadre
fitila
làmpada
kantar littattafai
prestatge
kabed
armari
talbijin
televisor
wurin wuta
escalfapanxes
fure
flor
kushin
coixí
babbar kujera
sofà
gilashin fure
gerro
rimot
telecomanda

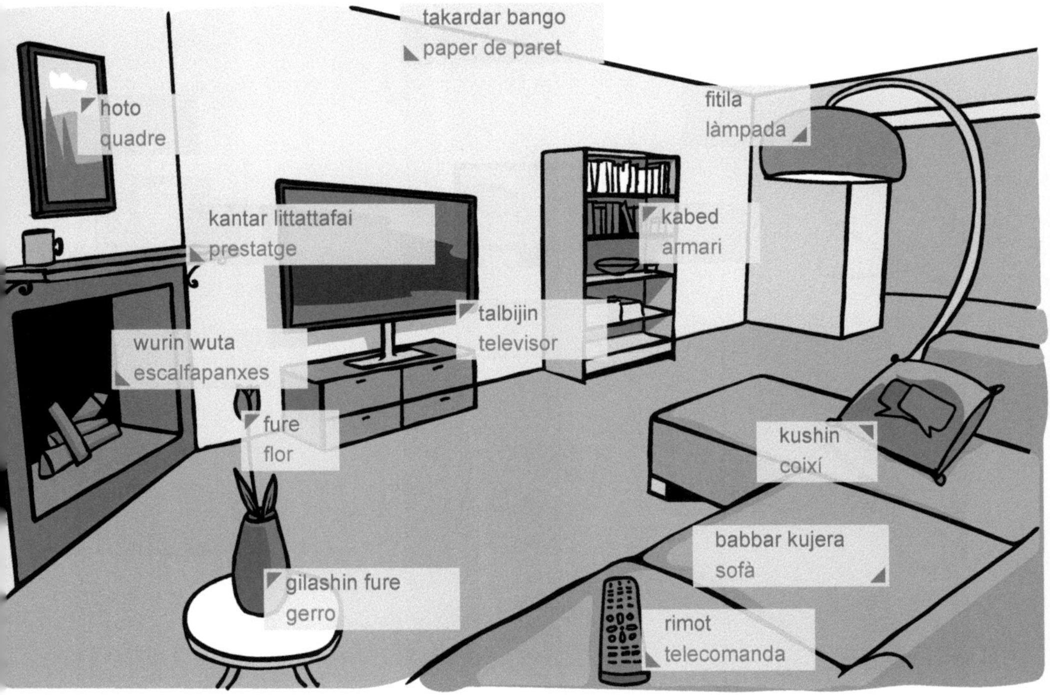

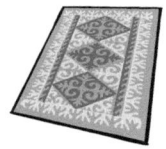

darduma

catifa

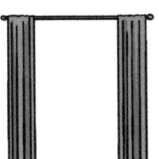

labule

cortina

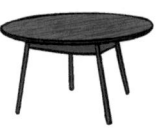

teburi

taula

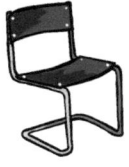

kujera

cadira

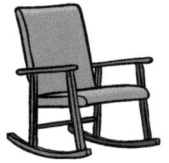

kujera mai shillo

cadira gronxadora

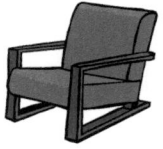

kujera mai hannu

cadiral

littafi

llibre

bargo

llençol

kwalliya

decoració

itacen girki

llenya

fim

film

kayan hi-fi

cadena de música

makulli

clau

jarida

diari

zanen fenti

pintura

fasta

cartell

rediyo

ràdio

takardar rubutu

bloc de notes

na'urar share darduma

aspiradora

murtsunguwa

cactus

kyandir

candela

kicin
cuina

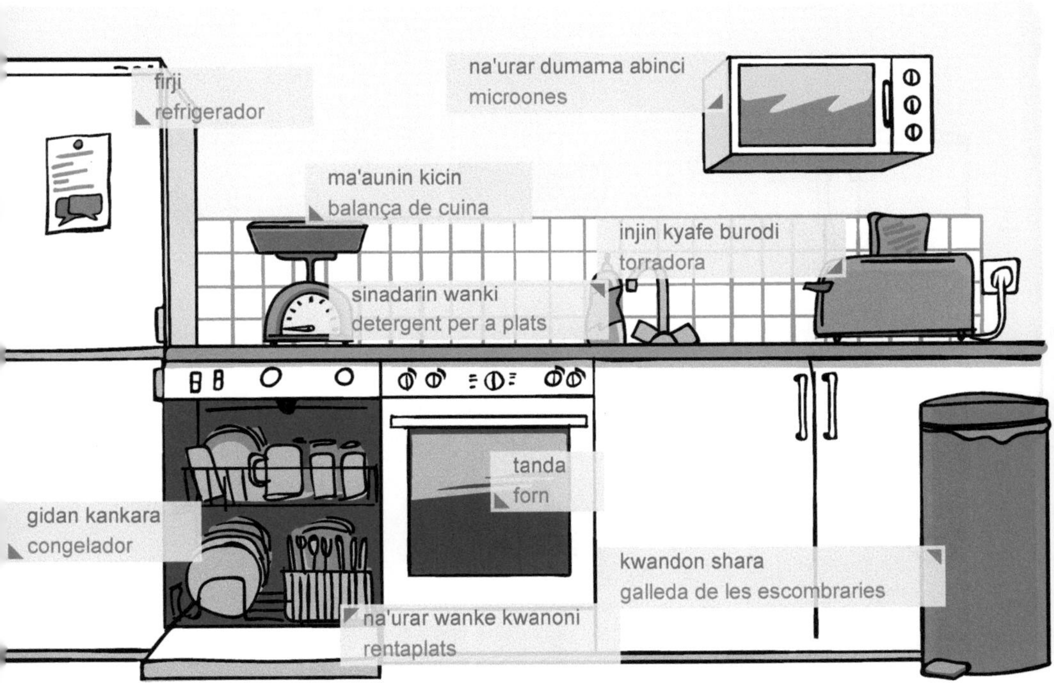

firji
refrigerador
na'urar dumama abinci
microones
ma'aunin kicin
balança de cuina
injin kyafe burodi
torradora
sinadarin wanki
detergent per a plats
tanda
forn
gidan kankara
congelador
kwandon shara
galleda de les escombraries
na'urar wanke kwanoni
rentaplats

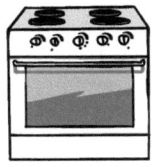

cooker

cuina de fogons

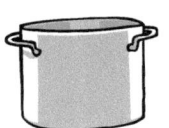

tukunya

olla

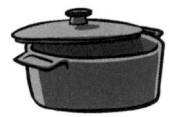

tukunyar alminiyum

olla de ferro colat

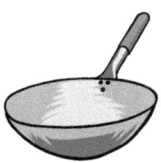

kwanon suya

wok / karahi

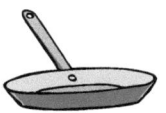

kwanan suya

paella

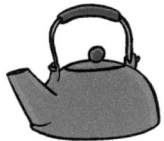

buta

bullidor

tukunyar dumi

olla de vapor

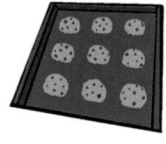

kwanan gashi

plata de forn

kayan tangaran

vaixella

tambulan

tassa grossa

kwano

bol

tsinkayen cin abinci

bastonets xinesos

ludayi

culler

ludayin suya

espàtula

makadin kwai

batedor

rariya

colador

mataci

sedàs

na'urar nika

ratllador

turmi

morter

balangu

barbacoa

wutar sarari

foc a terra

katakon yanke-yanke

taula de tallar

katakon murji

corró

mabudin kwalba

llevataps

gwangwani

pot de conserva

mabudin gwangwani

obridor

hannun tukunya

agafador

wurin wanke-wanke

aigüera

burushi

raspall

soso

esponja

bilenda

batedora

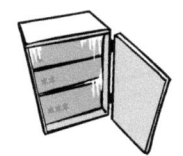

babban gidan kankara

congelador

bulumboti

biberó

famfo

aixeta

dakin wanka

bany

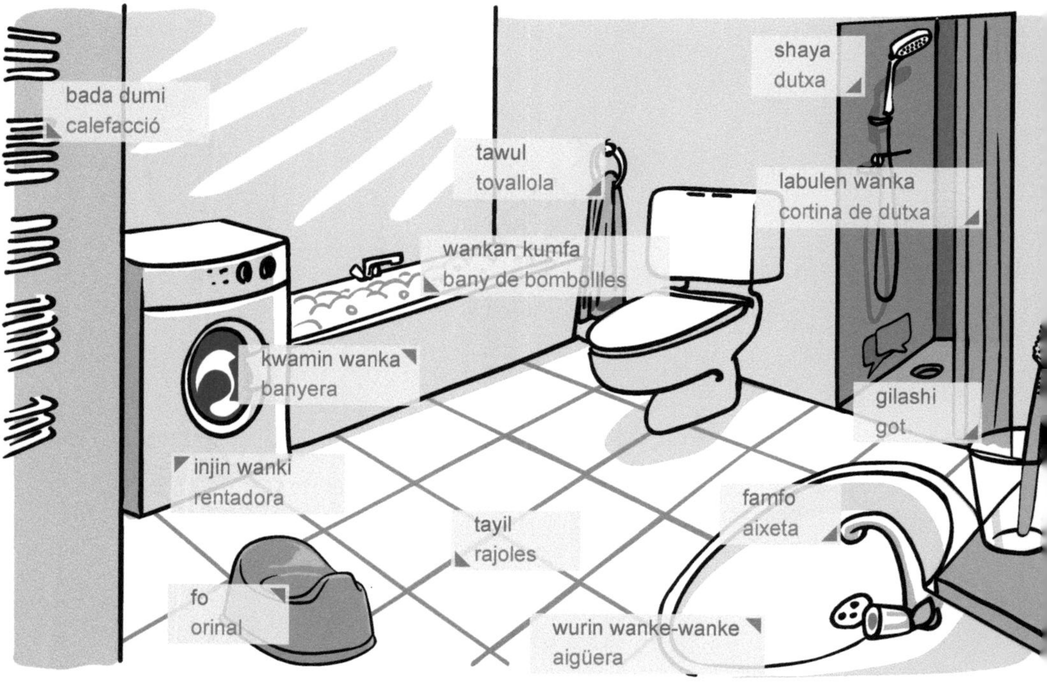

bada dumi
calefacció
tawul
tovallola
shaya
dutxa
labulen wanka
cortina de dutxa
wankan kumfa
bany de bombollles
kwamin wanka
banyera
gilashi
got
injin wanki
rentadora
famfo
aixeta
tayil
rajoles
fo
orinal
wurin wanke-wanke
aigüera

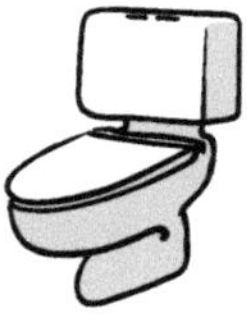

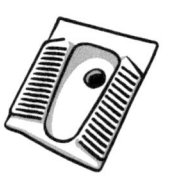

bandaki

lavabo

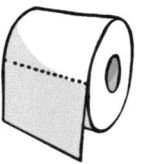

bandakin tsuguno

lavabo turc

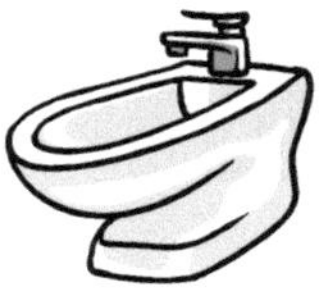

kwamin tsarki

bidet

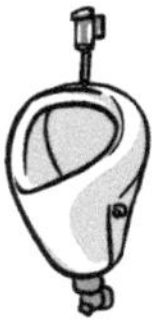

wurin fitsari

orinador

takardar bandaki

paper higiènic

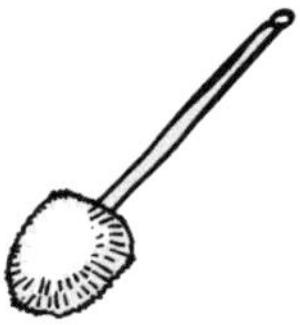

burushin bandaki

escombreta de sanitari

burushin hakori

raspall de dents

man hakori

pasta de dents

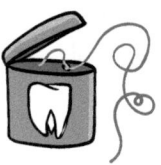

zaren sakace

fil dental

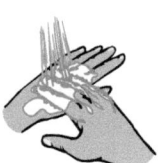

wanke

rentar

shayar hannu

pom de dutxa

wankin farji

dutxa íntima

kwamin wanke hannu

rentamans

burushin wanke baya

raspall per a l'esquena

sabulu

sabó

ruwan sabulun wanka

gel de dutxa

man gyaran gashi

xampú

tsumman wanka

manyopla de bany

lambatu

bonera

kirim

crema

turaren kamshi

desodorant

madubi

mirall

madubin hannu

mirall-espill de mà

reza

maquineta de rasar

man yaran fuska

espuma de barbejar

man aski

loció post-rasada

mataji

pinta

burushi

raspall

na'urar busar da gashi

eixugador

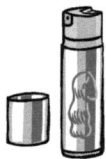

man gashi

laca

kwalliya

maquillatge

jan-baki

pintallavis

man farce

esmalt d'ungles

audugar goge kunne

cotó

almakashin yankan farce

tallaungles

turare

perfum

jakar wanka

estoig de bellesa

bahaya

tamboret

ma'aunin nauyi

bàscula

rigar wanka

barnús

safar roba

guants de goma

audugar haila

compresa higiènica

audugar mata

compresa

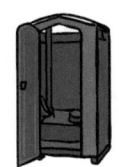

bandakin tafi-da-gidanka

sanitari químic

dakin yaro

cambra de nen

agogo mai kararrawa
despertador
yartsanar tsumma
animal de peluix
motar wasan yara
auto de joguina
kara
sonall
gidan 'yartsana
casa de nines
kyauta
present

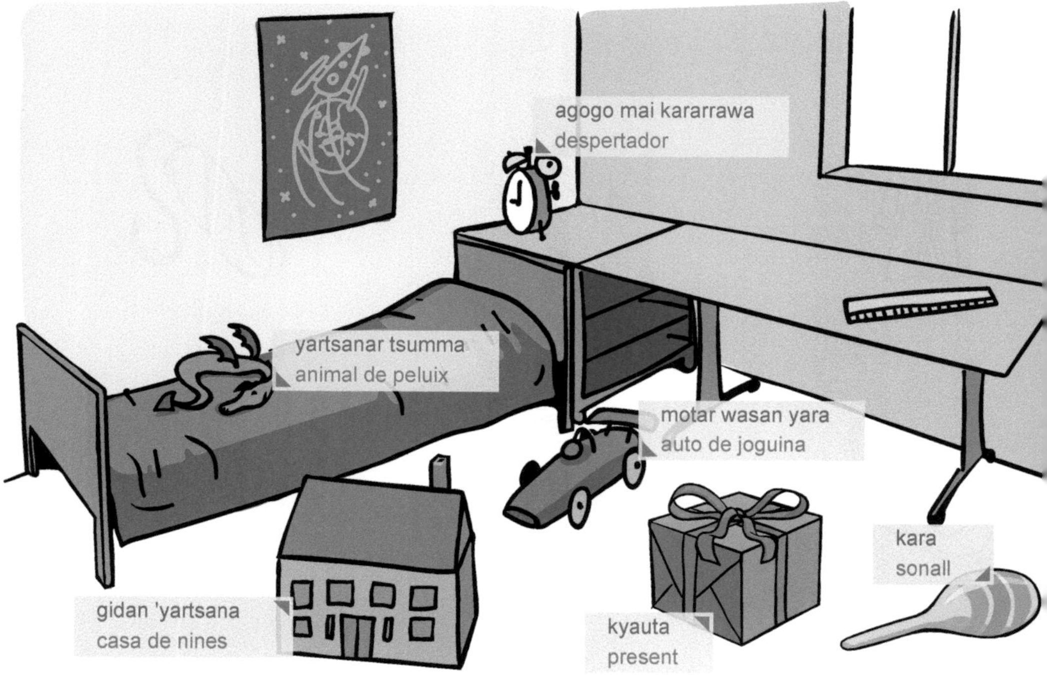

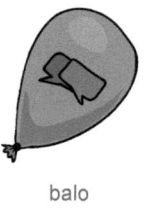

balo

baló

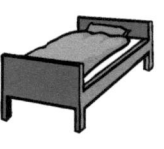

gado

llit

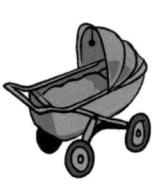

keken jarirai

cotxet per a nens

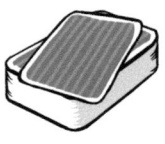

benen kwalaye

joc de cartes

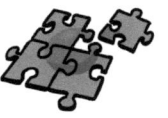

wasa kwakwalwa

trencaclosca

SUPER
MEGA

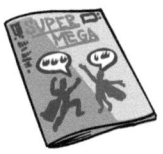

ban dariya

historieta

tubalan roba

peces de lego

tubalan gini

peces de construcció

mutum-mai-aiki

ninot d'acció

rigar jariri

granota

Dokin iska

frisbee

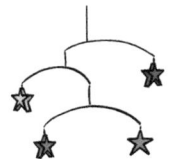

tafi-da-gidanka

mòbil per a bressol

wasan dara

joc de taula

dan ludo

daus

zubin kwatancin jirgin kasa

tren elèctric

mutum-mutumi

xumet

walima

festa

littafi mai hotuna

llibre de dibuixos

kwallo

pilota

yartsana

nina

yi wasa

jugar

akwatin yashi

sorrera

lilo

gronxador

kayan wasan yara

joguines

allon wasannin bidiyo

consola de jocs de vídeo

babur mai taya uku

tricicle

yartsanar tsumma

osset de peluix

wadirob

armari

tufafi

roba

safa

mitjons

sitokins

mitges

matse-jiki

mitja pantaló

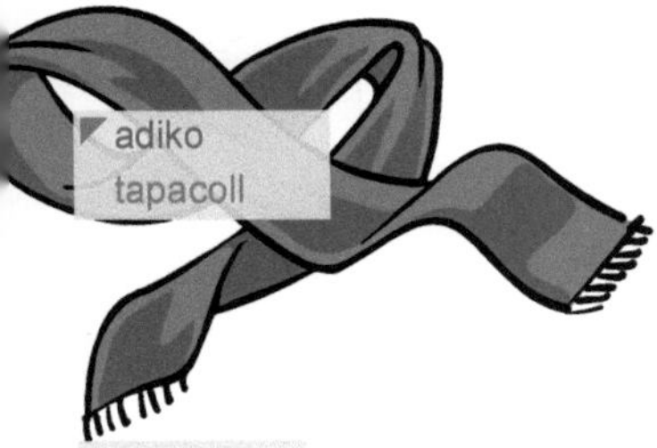

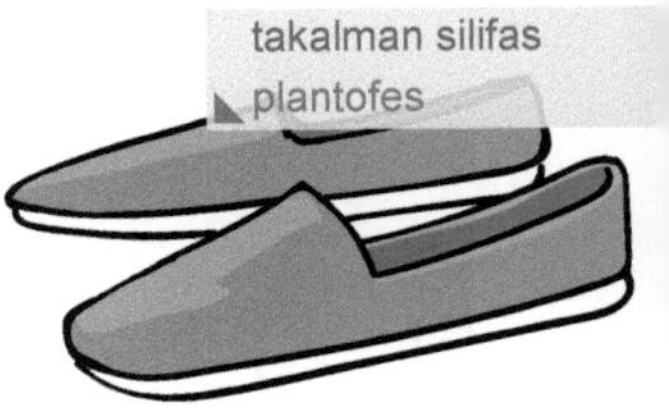

adiko
tapacoll

lema
paraigua

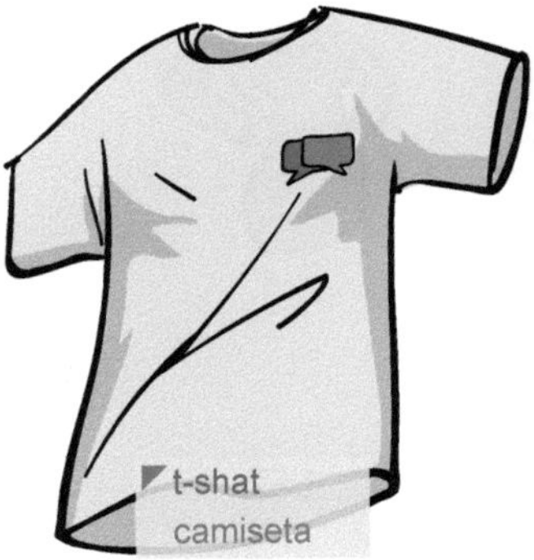

t-shat
camiseta

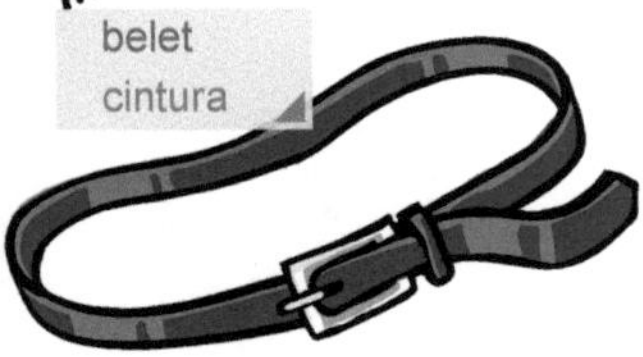

belet
cintura

takalman aiki
botes

takalman silifas
plantofes

takalman wasa
sabates d'esport

takalman sandal
....
sandàlies

takalma
....
sabates

takalman roba
....
botes de goma

kamfai
....
calçonets

rigar nono
....
sostenidor

falmaran
....
guardapits

jiki

jjustacòs

wando

pantalons

jeans

jeans

dantofi

faldeta

rigar mata

brusa

karamar riga

camisa

riga mai hula

jersei

hular riga

dessuadora

bileza

blazer

jaket

jaqueta

kwat

mantell

rigar ruwa

impermeable

kayan yayi

vestit de dona

kayan sawa

vestit de dona

rigar aure

vestit de núvia

kwat da wando

vestit d'home

rigar dare

camisa de dormir

kayan barci

pijama

sari

sari

dankwali

mocador de cap

rawani

turbant

hijabi

burca

kaftani

caftan

abaya

abaia

rigar iyo

vestit de bany

wandon wasa

calçon(et)s de bany

gajeran wando

pantalons curts

kayan wasanni

xandall

kyallen aiki

davantal

safar hannu

guants

maballi

botó

tabarau

ulleres

awarwaro

braçalet

tsakiya

collaret

zobe

anell

dan kunne

orellera

hula

casquet

maratayin kwat

penjador

malafa

capell

lakataya

corbata

zi

cremallera

hular kwano

casc

masu daidaita hakori

elàstics

kayan makaranta

uniforme escolar

yunifom

uniforme

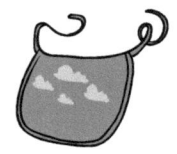

kyallen cin abincin jariri

pitet

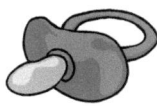

mutum-mutumi

xumet

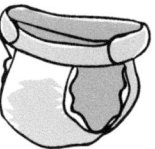

kunzugu

bolquer

ofis

oficina

saba
servidor
kabed din fayiloli
armari arxivador
takarda
paper
na'urar dab'i
impressora
fuskar kwamfuta
monitor
mouse
ratolí
babban teburi
escriptori
makunshi
arxivador
allon madannai
teclat
kwandon shara
paperera
kwamfuta
ordinador
kujera
cadira

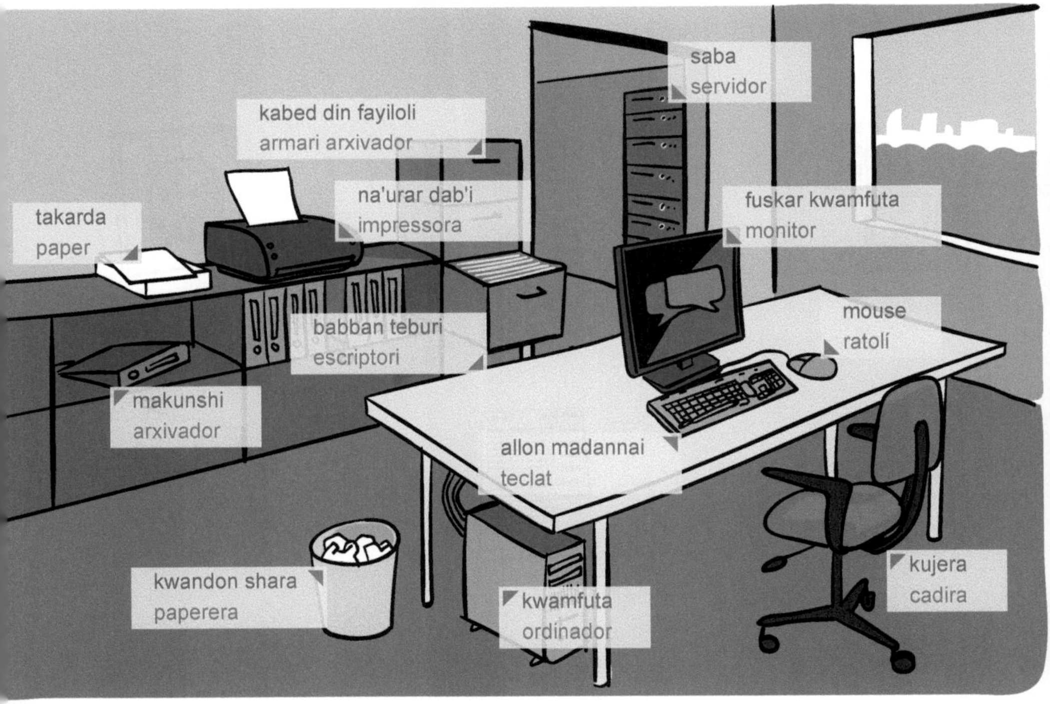

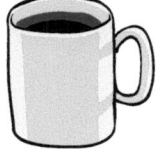

tambulan kofi

tassa de cafè

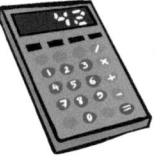

kwakuleta

calculadora

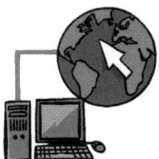

intanet

Internet

laptop
ordinador portàtil

wasika
lletra

sako
missatge

tafi-da-gidanka
mòbil

sadarwa
xarxa

na'urar hoton takarda
fotocopiadora

kwakwalwar kwamfuta
programari

tarho
telèfon

jona soket
presa de corrent

na'urar faks
fax

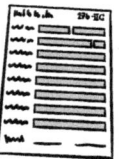

fom
formulari

daftari
document

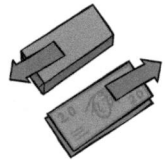

sayi

comprar

biya

pagar

yi ciniki

comerciar

kudi

diners

dala

dòlar

euro

euro

yen

ien

robul

ruble

franc na Swiss

franc suís

renminbi yuan

renminbi

rupee

rupia

injin bada kudi

caixa automàtica

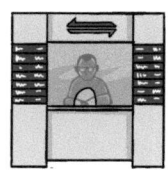

gidan canjin kudi

oficina de canvi

zinare

or

azurfa

argent

mai

petroli

makamashi

energia

farashi

preu

matuntuba

contracte

haraji

impost

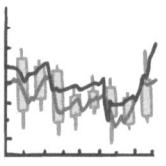

kaya

acció

yi aiki

treballar

ma'aikaci

treballador

mai daukar ma'aikata

empresari

masana'anta

fàbrica

kanti

botiga

sana'o'i
oficis

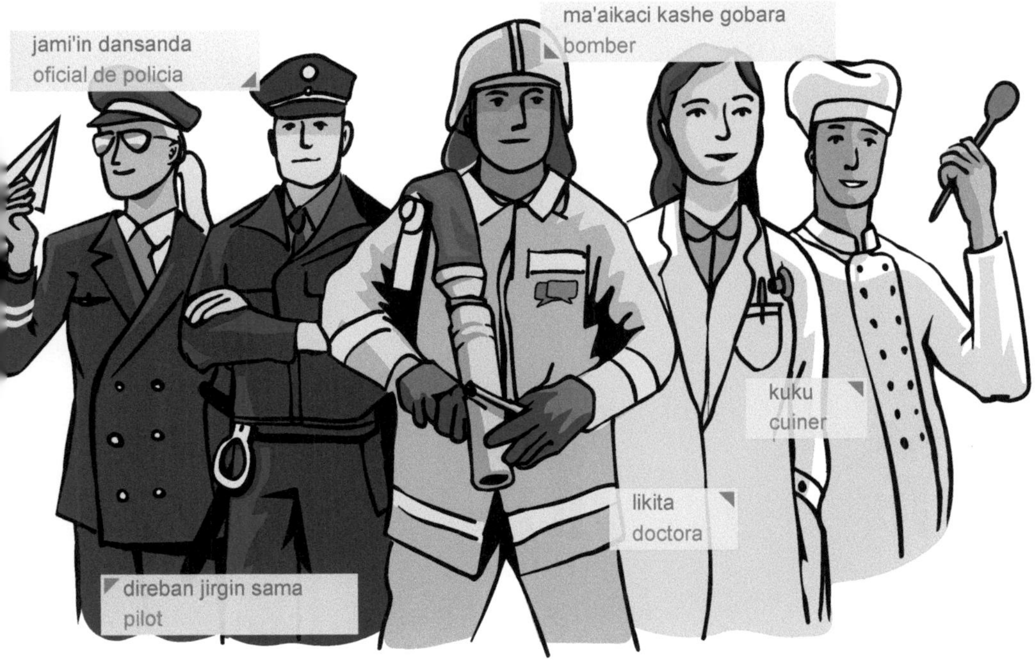
jami'in dansanda
oficial de policia
ma'aikaci kashe gobara
bomber
kuku
cuiner
likita
doctora
direban jirgin sama
pilot

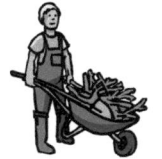

mai aikin lambu

jardiner

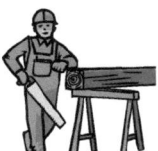

kafinta

fuster

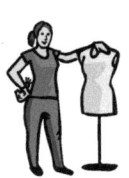

mace mai dinki

costurera

alkali

jutge

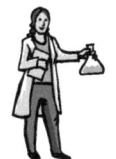

mai hada magunguna

química

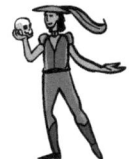

jarumi

actor

direban bas

conductor d'autobús

direban tasi

taxista

masunci

pescador

mace mai shara

dona de la neteja

mai aikin rufi

ensostrador

sabis

cambrer

mafarauci

caçador

mai fenti

pintor

mai yin burodi

forner

mai gyaran lantarki

electricista

magini

obrer de la construcció

injiniya

enginyer

mahauci

carnisser

mai gyaran famfo

llanterner

mai raba wasiku

correu

soja

soldat

mai zayyanar gidaje

arquitecte

mai biyan kudi

caixera

mai sayar da furanni

florista

mai gyaran gashi

perruquer

mai kida

revisor

bakanike

mecànic

kyaftin

capità

likitan hakori

dentista

masanin kimiyya

científic

limamin yahudu

rabí

liman

imam

mai ibadar kirista

monjo

malamin addini

capellà

kayan aiki
eines

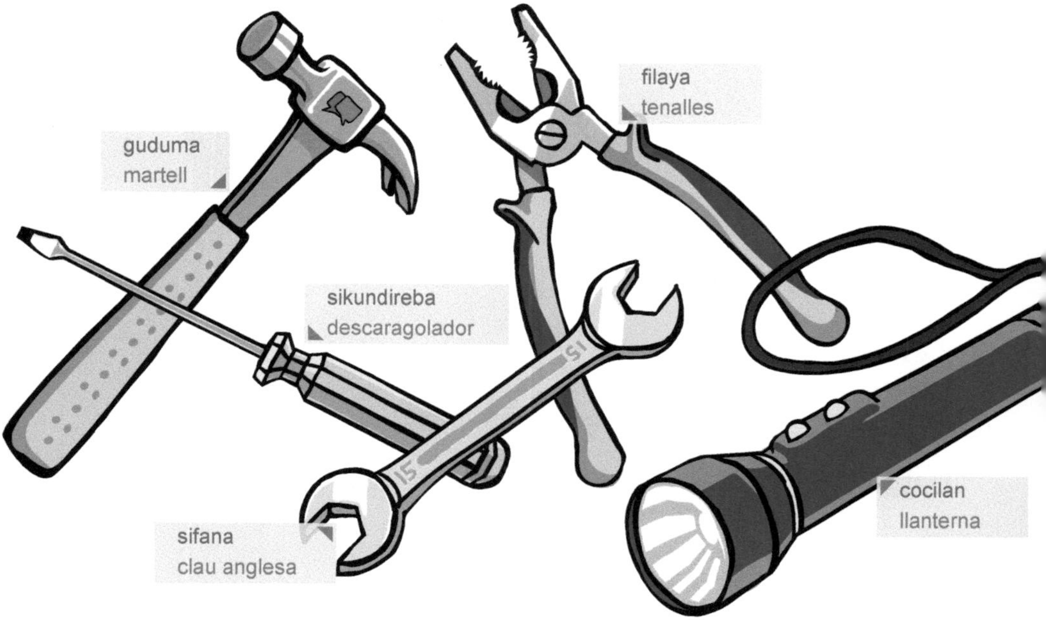

guduma
martell
filaya
tenalles
sikundireba
descaragolador
sifana
clau anglesa
cocilan
llanterna

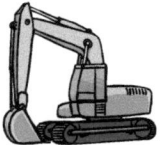

diga
excavadora

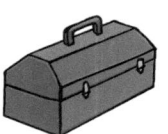

akwatin kayan aiki
caixa d'eines

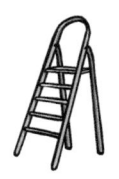

tsani
escala

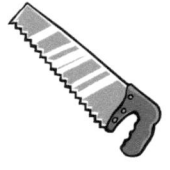

zarto
serra

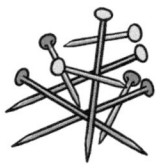

kusoshi
claus

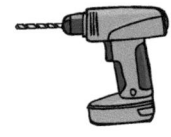

abin hudawa
trepant

gyara
reparar

chebur
pala

Tafdi!
Maleït siga!

makwashin shara
pala

tukunyar fenti
pot de pintura

kusoshi masu barima
caragols

kayan kida
instrument de música

tarkacen ganga
bateria

lasifika
altaveu

jita
guitarra

rubin sauti
contrabaix

begila
trompeta

fiyano

piano

goge

violí

karamin sauti

baix

gangunan timpani

timbal

ganguna

tambor

masarrafin fiyano

teclat

saxophone

saxofon

sarewa

flauta

makirfo

micròfon

gidan namun daji

zoo

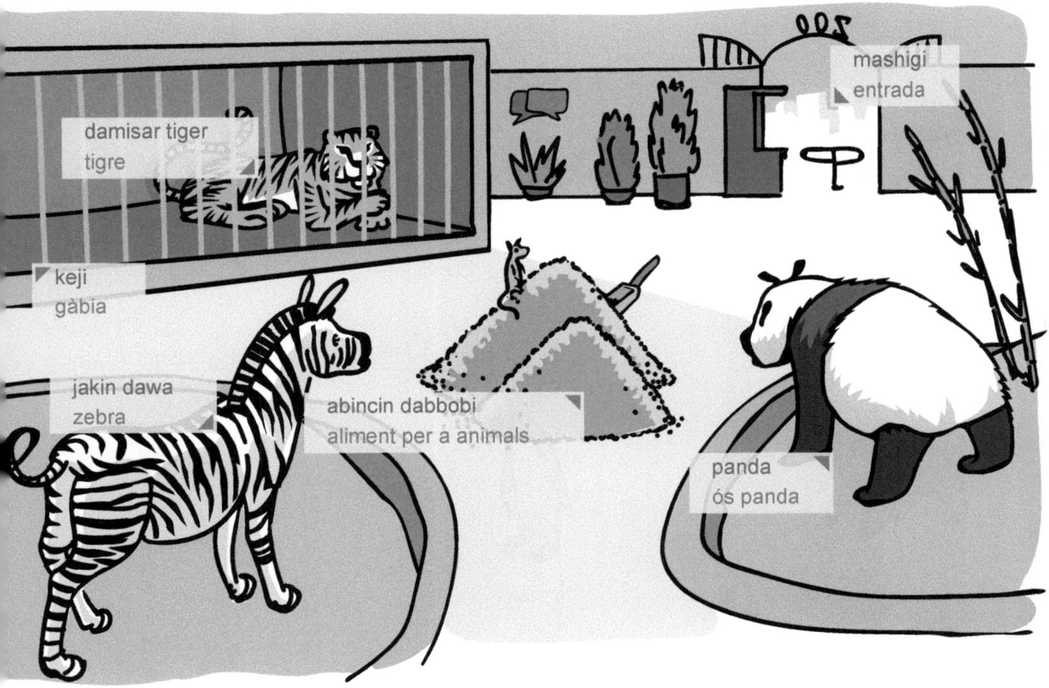

damisar tiger
tigre
mashigi
entrada
keji
gàbia
jakin dawa
zebra
abincin dabbobi
aliment per a animals
panda
ós panda

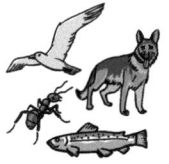

dabbobi

animals

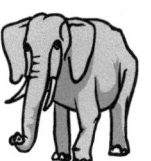

giwa

elefant

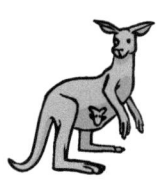

babba-da-jaka

cangurú

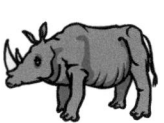

karkanda

rinoceront

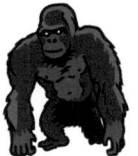

goggon biri

goril·la

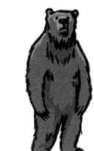

dabbar bear

ós

rakumi

camell

jimina

estruç

zaki

lleó

biri

simi

dinya

flamenc

aku

papagai

bear ta yankin kankara

ós polar

penguin

pingüí

kifin shark

ca mari

dawisu

paó

maciji

serp

kada

cocodril

mai tsaro zu

guardià del zoo

seal

foca

damisar jaguar

jaguar

dukushi

poni

damisar leopard

lleopard

mugun dawa

hipopòtam

rakumin dawa

girafa

mikiya

àliga

aladen daji

senglar

kifi

peix

kunkuru

tortuga

walrus

morsa

dila

guineu

barewa

gasela

kwallon kafar Amurka
futbol americà

tseren keke
ciclisme

wasan tennis
tenis

kwallon kwando
bàsquet

ninkaya
natació

dambe
boxa

kwallon gora na cikin ka
hoquei sobre gel

kwallon kafa

futbol americà

badiminton

bàdminton

wasannin motsa jiki

atletisme

kwallon hannu

handbol

wasan kan kankara

esquí

kwallon dawaki

polo

yi dariya
riure

yi tsalle
saltar

rungumi
abraçar

yi tattaki
anar

rera waka
cantar

mafarki
somiar

yi addu'a
pregar

sumbaci
fer un petó

rubuta
escriure

zana
dibuixar

nuna
mostrar

tura
pitjar

bayar
donar

dauki
prendre

sami
tenir

yi
fer

kasance
ésser

tsaya
estar dret

gudu
córrer

jawo
estirar

jefa
llançar

faduwa
caure

yi karya
jeure

jira
esperar

dauki
portar

zauna
asseure's

sanya tufafi
vestir-se

yi barci
dormir

farka
despertar-se

kalli
mirar

kuka
plorar

bugi
amoixar

taje
pentinar

yi magana
parlar

fahimci
comprendre

tambayi
demanar

saurari
escoltar

sha
beure

ci
menjar

tattare
endreçar

yi soyayya
estimar

dafa
cuinar

yi tuki
conduir

tashi
volar

tafi a kwalekwale

navegar

kwakuleta

calcular

karanta

llegir

koyi

aprendre

yi aiki

treballar

yi aure

casar-se

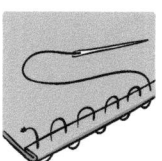

dinka

cosir

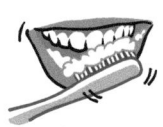

goge hakora

raspallar-se les dents

kashe

matar

busa taba

fumar

aika

enviar

iyali
família

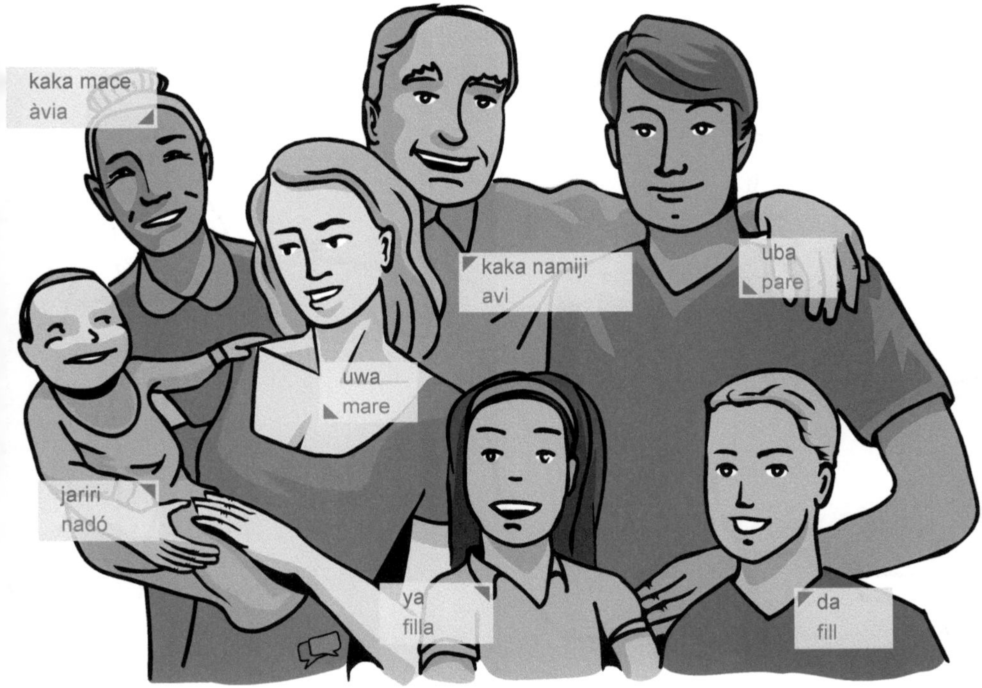
kaka mace
àvia
kaka namiji
avi
uba
pare
uwa
mare
jariri
nadó
ya
filla
da
fill

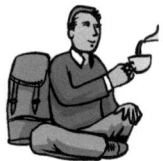

bako

convidat

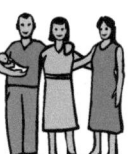

gwaggo

tia

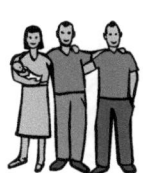

kawu

oncle

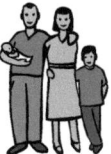

dan'uwa

germà

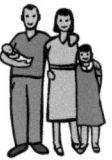

yar'uwa

germana

jiki

cos

goshi
front
ido
ull
kafada
espatlla
yatsa
dit
fuska
cara
ha'ba
barbeta
hannu
mà
nono
pit
kafa
cama
damtse
braç

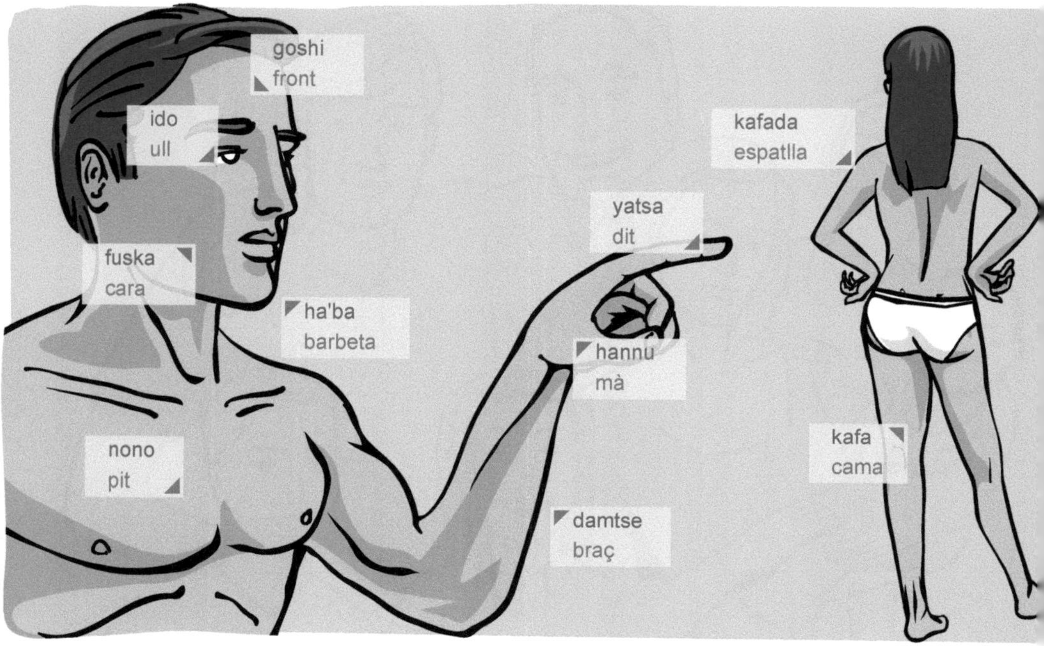

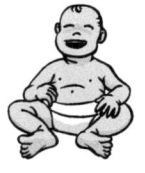

jariri

nadó

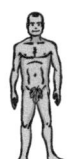

mutum

home

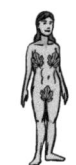

mace

dona

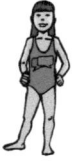

yarinya

noia

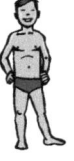

yaro

noi

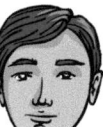

kai

cap

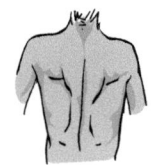

baya

esquena

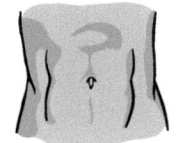

tulun ciki

panxa

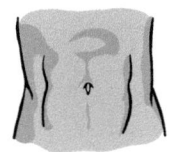

maballin ciki

melic

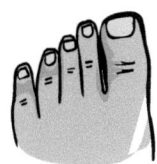

yatsan kafa

dit gros del peu

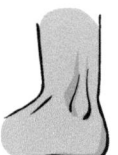

dudduge

taló

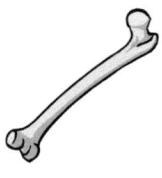

kashi

os

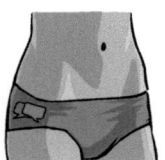

kugu

maluc

guiwa

genoll

guiwar hannu

colze

hanci

nas

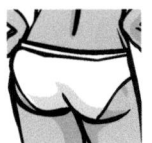

kasa

cul

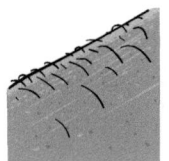

fata

pell

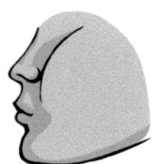

kumatu

galta

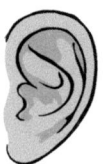

kunne

orella

lebe

llavi

wata

boca

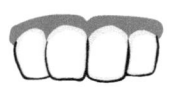

hakori

dent

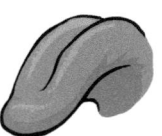

harshe

llengua

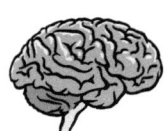

kwakwalwa

cervell

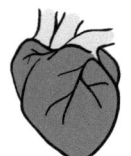

zuciya

cor

kwanji

múscul

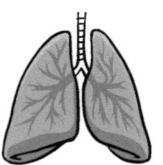

huhu

pulmó

hanta

fetge

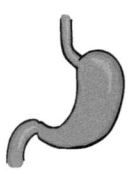

ciki

estómac

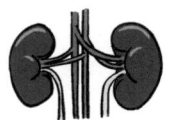

koda

ronyó

jima'i

relació sexual

kwaroron roba

preservatiu

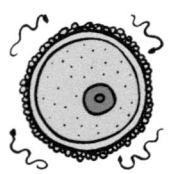

kwan mahaifa

ovari

maniyyi

semen

juna-biyu

prenyat

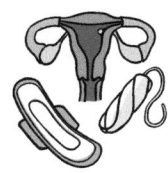

haila

menstruació

farji

vagina

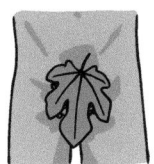

zakari

penis

gira

cella

gashi

cabells

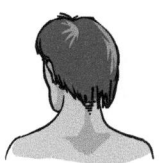

wuya

coll

asibiti
hospital

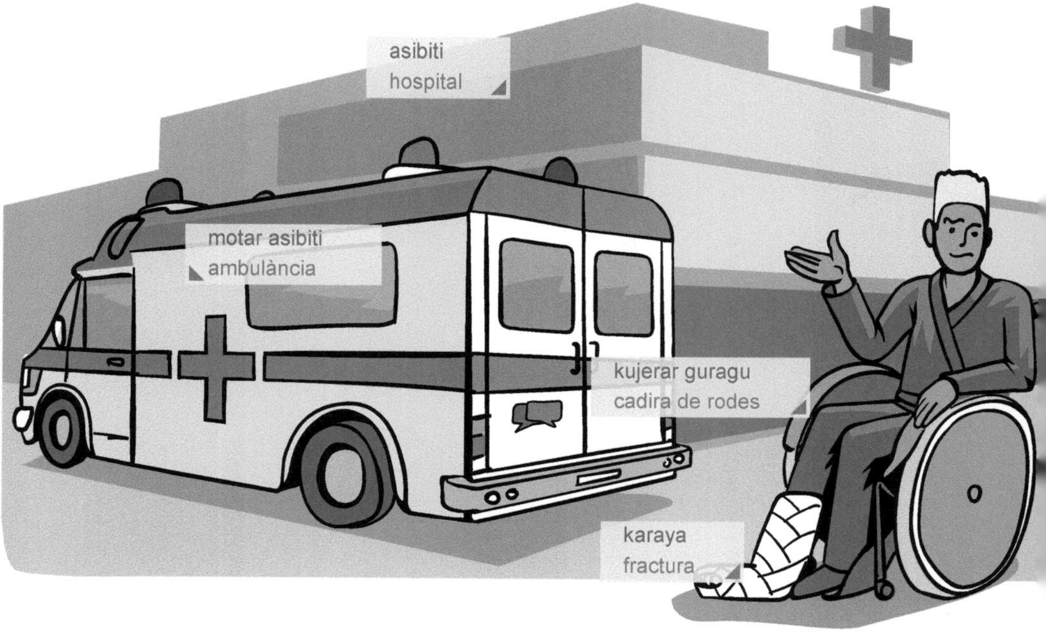

asibiti
hospital
motar asibiti
ambulància
kujerar guragu
cadira de rodes
karaya
fractura

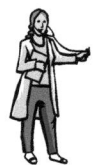

likita
doctora

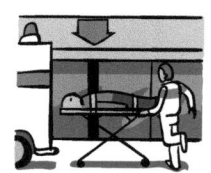

dakin kulawar gaggawa
sala d'urgències

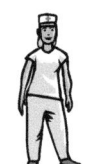

ma'aikaciyar jinya
infermera

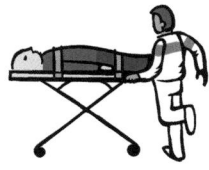

na gaggawa
urgència

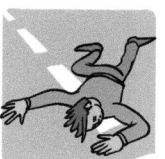

magashiyyan
inconscient

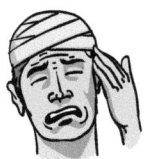

radadi
dolor

rauni

ferida

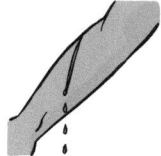

zubar jini

sagnament

bugun zuciya

atac de cor

bugun jini

apoplexia

kyan-jiki

al·lèrgia

tari

tos

zazzabi

febre

mura

gripa

gudawa

diarrea

ciwon kai

mal de cap

cutar sankara

càncer

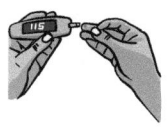

ciwon suga

diabetis

likitan tiyata

cirurgià

wukar likita

escalpel

tiyata

operació

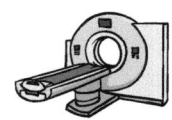

CT
tomografia computada (TC),
TAC

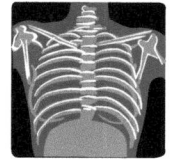

hoton kirji
raigs x

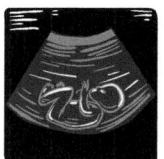

hoton ciki
ultrasò

marufin fuska
mascareta

cuta
malaltia

dakin jira
sala d'espera

madogari
crossa

filasta
tireta

bandeji
embenat

allura
injecció

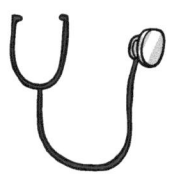

na'urar awon zuciya
estetoscopi

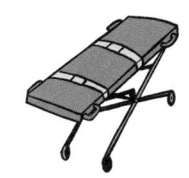

gadon daukar marar lafiya
llitera

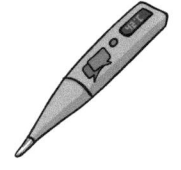

na'urar auna zafin jiki
termòmetre clínic

haihuwa
pariment

yawan nauyi
sobrepès

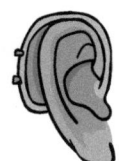

abin kara ji

aparell auditiu

sinadarin kashe kwayoyin cuta

desinfectant

kamuwar cuta

infecció

kwayar cuta

virus

Cutar Kanjamau

VIH / SIDA

magani

medicina

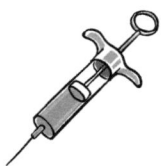

riga-kafi

vaccí

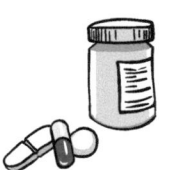

kwayoyin magani

comprimits

magani

píl·lola

kiran gaggawa

trucada d'urgència

ma'aunin hawan jini

tensiòmetre

cuta / lafiya

malalt / sà

Taimako!

Socors!

farmaki

assalt

kararrawa

alarma

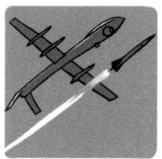

hari

atac

hatsari

perill

kofar ko-takwana

sortida-eixida d'urgència

Wuta!

Foc!

abin kashe wuta

extintor

hadari

accident

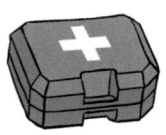

kayan taimakon gaggawa

farmaciola de primers auxilis

Neman taimako

SOS

dansanda

policia

Turai
Europa

Amurka ta Arewa
Amèrica del Nord

Amurka ta Kudu
Amèrica del Sud

Afirka
Àfrica

Asiya
Àsia

Australia
Austràlia

Atlantika
Atlàntic

Pacific
Pacífic

Tekun Indiya
Oceà Índic

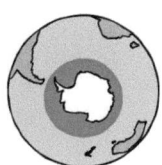

Tekun Antatika
Oceà Antàrtic

Tekun Arctic
Oceà Àrtic

Barin duniya na Arewa
pol nord

Barin duniya na Kudu
....
pol sud

Antatika
....
Antàrtida

Kasa
....
terra

tsandauri
....
país

kogi
....
mar

tsibiri
....
illa

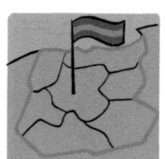

kasa
....
nació

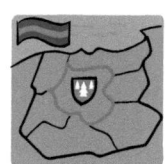

jiha
....
estat

fuskar agogo

quadrant

hannun awa

agulla de les hores

hannun mintuna

agulla dels minuts

hannun dakika

agulla dels segons

Karfe nawa yanzu?

Quina hora és?

rana

dia

lokaci

temps

yanzu

ara

agogon dijita

rellotge digital

minti

minut

awa

hora

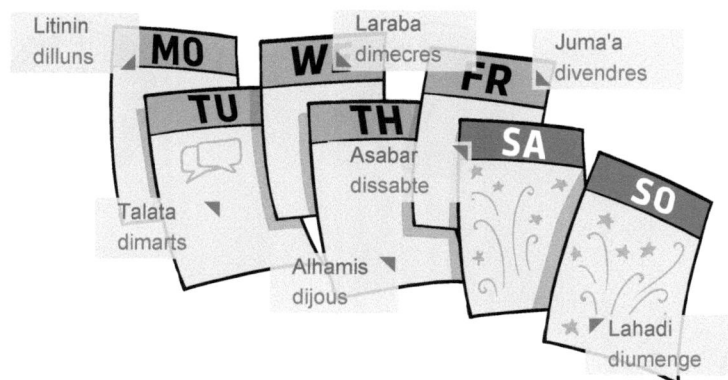

Litinin dilluns — MO
Talata dimarts — TU
Laraba dimecres — W
Alhamis dijous — TH
Juma'a divendres — FR
Asabar dissabte — SA
Lahadi diumenge — SO

jiya

ahir

yau

avui

gobe

demà

safiya

matí

tsakar rana

migdia

yamma

tarda

MO	TU	WE	TH	FR	SA	SU
1	2	3	4	5	6	7
8	9	10	11	12	13	14
15	16	17	18	19	20	21
22	23	24	25	26	27	28
29	30	31	1	2	3	4

ranakun kasuwanci

dia feiner

MO	TU	WE	TH	FR	SA	SU
1	2	3	4	5	6	7
8	9	10	11	12	13	14
15	16	17	18	19	20	21
22	23	24	25	26	27	28
29	30	31	1	2	3	4

karshen mako

cap de setmana

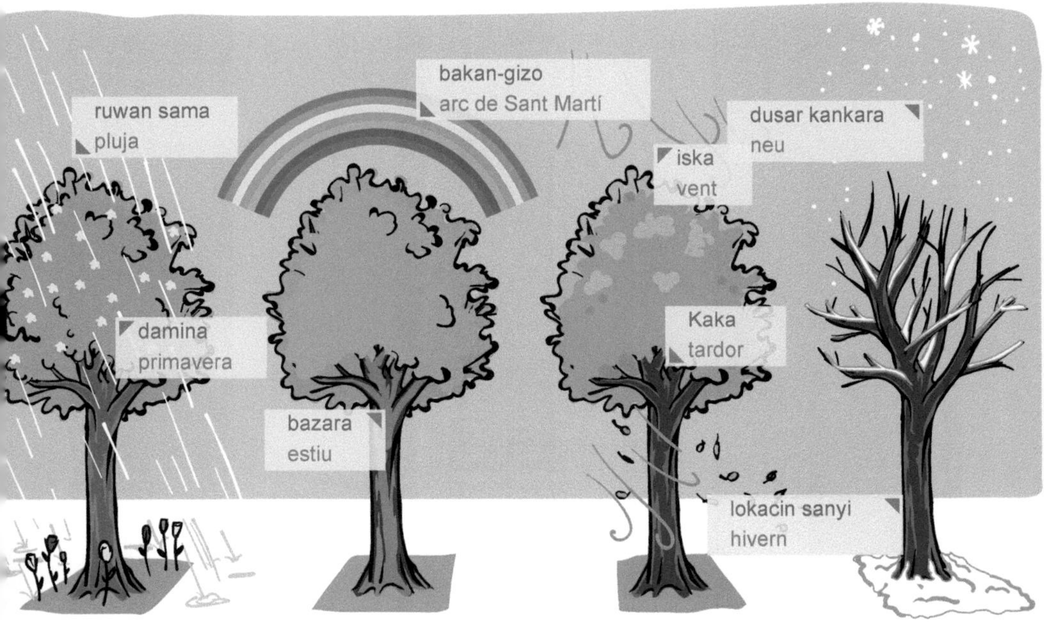

ruwan sama
pluja
bakan-gizo
arc de Sant Martí
dusar kankara
neu
iska
vent
damina
primavera
Kaka
tardor
bazara
estiu
lokacin sanyi
hivern

4.APRIL 11°
5.APRIL 4°
6.APRIL 13°
7.APRIL 8°
8.APRIL 10°

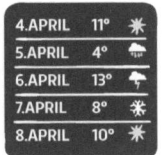

hasashen yanayi

pronòstic del temps

F C
120 40
90 30
60 20
30 10
0 0
-30 -10
-20

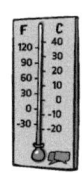

na'urar gwajin zafi da sanyi

termòmetre

hasken rana

llum del sol

gajimare

núvol

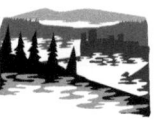

hazo

boira

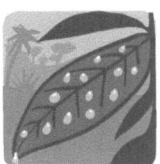

dumi

humiditat de l'aire

walkiya

llamp

aradu

tro

guguwa

tempesta

kankarar ruwan sama

calamarsa

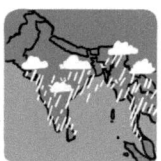

iskar bazara

monsó

ambaliyar ruwa

inundació

kankara

gel

Janairu

gener

Fabarairu

febrer

Maris

març

Afirilu

abril

Mayu

maig

Yuni

juny

Yuli

juliol

Agusta

agost

Satumba

setembre

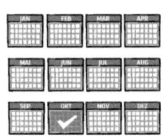

Oktoba

octubre

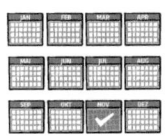

Nuwamba

novembre

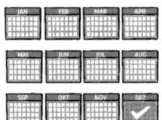

Disamba

desembre

da'ira

cercle

murabba'i

quadrat

kusurwa hudu

rectangle

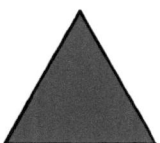

kusurwa uku

triangle

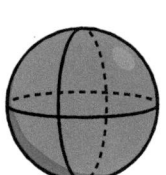

mulmulalle

esfera

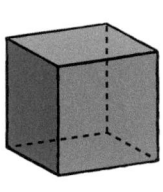

dunkule

cub

fari

blanc

rawaya

groc

ruwan lemo

taronja

ruwan shanshanbali

rosa

ja

vermell

garura

lila

shudi

blau

kore

verd

ruwan kasa

marró

ruwan toka

gris

baki

negre

da yawa / kadan

molt / poc

fushi / nutsuwa

emprenyat / tranquil

kyakkyawa / mummuna

bonic / lleig

farko / karshe

començament / fi

babba / karami

gran / petit

mai haske / mai duhu

clar / fosc

dan uwa / 'yar uwa

germà / germana

mai tsafta / kazami

net / brut

cikakke / maras cika

complet / incomplet

rana / dare

dia / nit

matacce / mai rai

mort / viu

mai fadi / matsattse

ample / estret

na ci / ba na ci ba

comestible / immenjable

mugu / mai tausayi

dolent / amable

mai karsashi / gajiyayye

entusiasmat / entediat

kakkaura / siriri

gros / prim

na farko / na karshe

primer / darrer

aboki / makiyi

amic / enemic

cikakke / holoko

ple / buit

mai tauri / mai laushi

dur / tou

mai nauyi / marar nauyi

pesant / lleuger

yunwa / kishin ruwa

gana / set

cuta / lafiya

malalt / sà

haramtacce / halastacce

il·legal / legal

mai basira / dakiki

intel·ligent / ximple

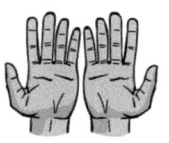

hagu / dama

esquerra / dreta

kusa / nesa

prop / llunyà

sabo / na-hannu

nou / usat

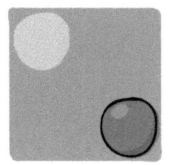

ba komai / wani abu

res / quelcom

tsoho / yaro

vell / jove

kunna / kashe

encès / apagat

a bude / a rufe

obert / tancat

shiru / kara

silenciós / sorollós

mai arziki / talaka

ric / pobre

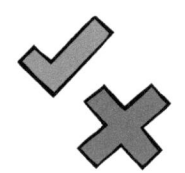

daidai / bata

correcte / incorrecte

mai kaushi / mai santsi

aspre / suau

bakin ciki / farin ciki

trist / content

gajere / dogo

curt / llarg

a sannu / da sauri

lent / ràpid

jikakke / busasshe

humit / sec - eixut

dumi / sanyi

calent / fred

yaki / zaman lafiya

guerra / pau

0

sifili

zero

1

daya

u

2

biyu

dos

3

uku

tres

4

hudu

quatre

5

biyar

cinc

6

shida

sis

7

bakwai

set

8

takwas

vuit

9

tara

nou

10

goma

deu

11

goma sha daya

onze

12

goma sha biyu

dotze

13

goma sha uku

tretze

14

goma sha hudu

catorze

15

goma sha biyar

quinze

16

goma sha shida

setze

17

goma sha bakwai

disset

18

goma sha takwas

divuit

19

goma sha tara

dinou

20

ashirin

vint

100

dari

cent

1.000

dubu

mil

1.000.000

miliyan

milió

Turanci

anglès

Turancin Amurka

anglès americà

Mandarin na China

xinès mandarí

Hindi

hindi

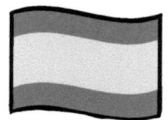

Sifaniyanci

espanyol

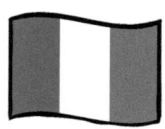

Faransanci

francès

Larabci

àrab

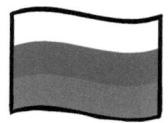

Yaren Rasha

rus

Yaren Portugal

portuguès

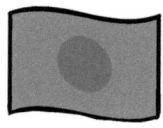

Bengali

bengalí

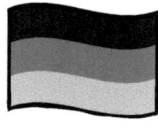

Yaren Jamus

alemany

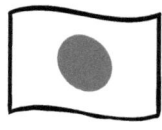

Yaren Japan

japonès

ni
....
jo

kai
....
tu

shi / ita / ita
....
ell / ella / allò

mu
....
nosaltres

ku
....
vosaltres

su
....
ells

wa?
....
qui?

me?
....
què?

ya ya?
....
com?

a ina?
....
on?

yaushe?
....
quan?

suna
....
nom

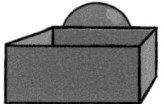

a baya

darrere

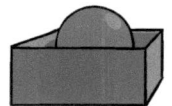

a ciki

en

a gaban

davant de

saman

damunt

akai

sobre

karkashi

sota

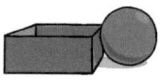

a gefe

al costat

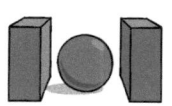

a tsakani

entre

wuri

lloc